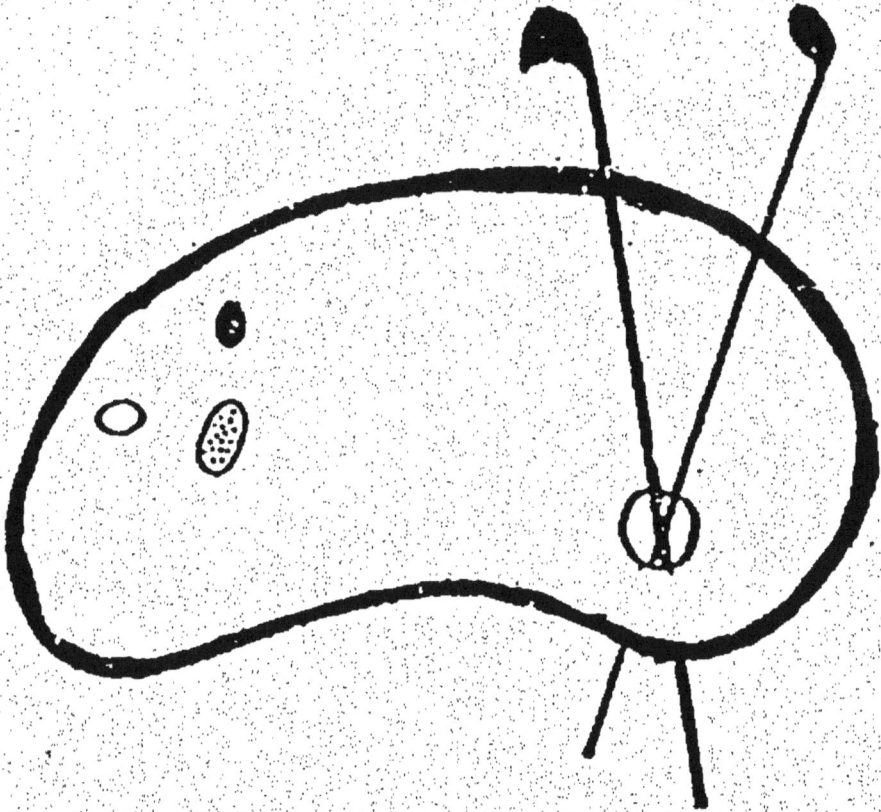

DEBUT D'UNE SERIE DE DOCUMENTS
EN COULEUR

ÉTUDE

SUR

LE COMMUNISME

DÉDIÉE

AUX CLASSES OUVRIÈRES

DE LA FRANCE

PAR M. CHARLES MAZERON, AVOCAT.

—————•✳•—————

MONTLUÇON

IMPRIMERIE TYPOGRAPHIQUE ET LITHOGRAPHIQUE DE HERBIN

1880.

DU MÊME AUTEUR

—

Des Droits de la Famille et du Monopole universitaire, in-8, 2ᵐᵉ édit. *Epuisé.*

Doctrina moralis et dogmatica e sacris testamentorum codicibus desumpta, in-8, Régis Ruffet, éditeur.

La France et son avenir, in-8. *Epuisé.*

Le Cᵗᵉ de Stolberg, sa Vie, ses Ecrits et sa Mort, in-8. *Epuisé.*

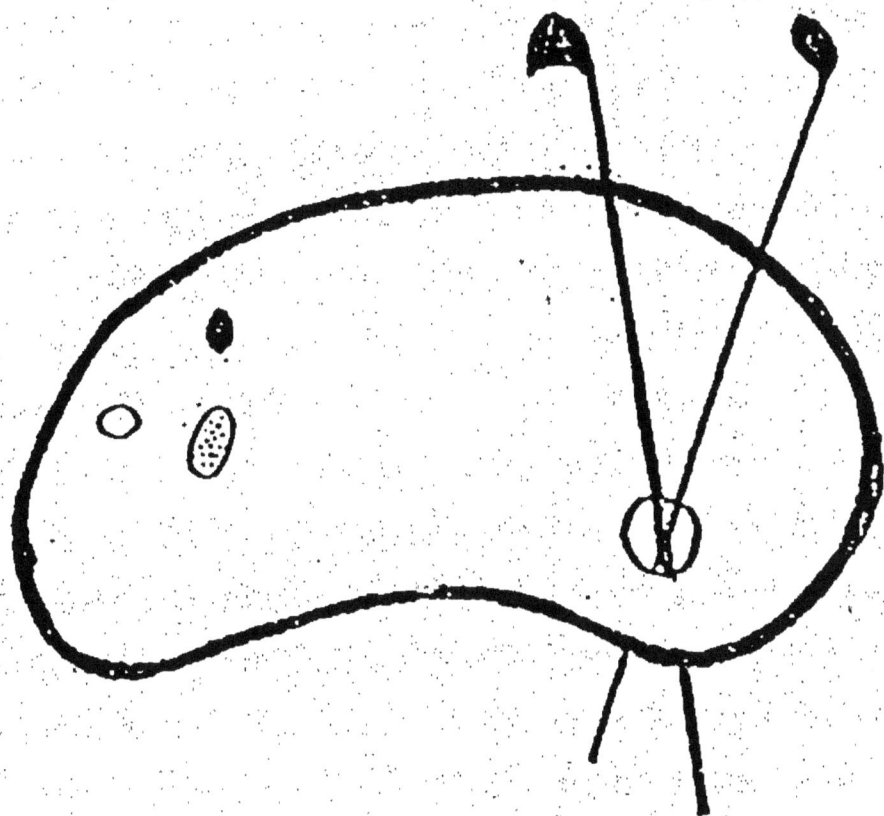

FIN D'UNE SÉRIE DE DOCUMENTS
EN COULEUR

ÉTUDE

SUR

LE COMMUNISME

DÉDIÉE

AUX CLASSES OUVRIÈRES

DE LA FRANCE

PAR **M.** Charles **MAZERON**, AVOCAT.

MONTLUÇON

IMPRIMERIE TYPOGRAPHIQUE ET LITHOGRAPHIQUE DE HERBIN

1880.

ÉTUDE

SUR LE COMMUNISME

DÉOIÉE AUX CLASSES OUVRIÈRES

DE LA FRANCE.

I

Il fut un temps, déjà bien loin de nous, où l'humanité, ignorant ses droits et ses prérogatives, se croyait naturellement partagée en castes diverses, et regardait comme raisonnable et nécessaire l'inégalité dans les bénéfices de la création. A ses yeux, il était juste que tous fussent soumis à l'empire de quelques-uns. Telle était la loi descendue du ciel, disaient les législateurs des peuples antiques, et nul n'aurait conçu la pensée de douter un seul moment. La souveraineté s'établissait alors sur le servage du plus grand nombre. L'obéissance était la loi commune ; en tout et sur tout, on la regardait comme un devoir que nul n'aurait osé méconnaître. La justice n'était autre chose que la volonté du maître, et quand elle se manifestait, c'était sous l'ordre du prêtre, du brahmane, du chef de la tribu ou de son favori, et toujours avec l'inflexibilité du destin.

Le Christianisme devait détruire à jamais ce règne du despotisme et de l'immobilité. En proclamant la fraternité humaine, il a rétabli l'unité sur la terre ; il a ouvert à tous des horizons nouveaux, et appris à chacun la grandeur de son origine et la noblesse de ses destinées. Mais les évolutions du monde moral sont longues dans leur complet épanouissement. Les passions ardentes, les intérêts multiples de la vie opposent souvent une digue puissante aux idées les plus rationnelles, et s'arment contre des principes qui, aux yeux de l'homme sage, semblent ne devoir donner prise à aucune contradiction.

II

C'est un spectacle de ce genre dont l'Europe entière est témoin depuis bientôt un siècle, spectacle grandissant à mesure que se sont accrues les richesses des diverses nations, à mesure que l'industrie, libre de tous obstacles, servie par toutes les sciences, enfante ses merveilles, et s'enrichit elle-même des produits de son travail. L'inégalité sociale, conséquence inévitable de la force et de l'intelligence des uns, de la faiblesse et de l'imprudence des autres, perpétuée encore par le dogme conservateur de l'hérédité, a frappé les esprits les plus vulgaires ; l'opulence endormie trop longtemps s'est éveillée tout à coup au bruit des gémissements du prolétariat, qui, d'abord, a discuté la sagesse de la loi, et en est venu aujourd'hui à ce point qu'attaquer publiquement la propriété, c'est faire acte de bon citoyen, c'est servir la cause des déshérités, et marcher dans la voie de la plus sa-lutaire, de la plus nécessaire des améliorations.

Telle est l'origine du communisme.

Disons, néanmoins, que ce n'est pas seulement de nos jours qu'a été poussé ce cri de guerre con-tre la propriété. Cent quatorze ans après la naissan-ce de J. C., sous le règne de Trajan, le philosophe Carpocrate enseignait à Alexandrie que le vol et l'adultère étaient des noms inventés par les lois humaines, et que, pour être heureux, il fallait la communauté complète des terres, des choses et des femmes. Pendant la durée du moyen-âge et dans les deux siècles qui l'ont suivi, le Christianisme eut à lutter contre les Vaudois et les Anabaptistes qui proclamaient les mêmes principes, et cher-chaient à les propager les armes à la main. La rai-son publique devait triompher et triompha en effet, après de sanglants combats, de ces rêveries dange-reuses, pleines d'erreurs et d'immoralités.

III

Ce mot de Communisme n'a rien qui nous ef-fraye ; nous l'avouerons même sans honte : dans une vie déjà longue et consacrée toute entière à dé-fendre devant la justice du pays les intérêts qui nous étaient confiés, bien souvent, témoin des mi-sères profondes qu'un travail incessant et une pro-bité sévère n'avaient pu conjurer, nous nous som-mes dit au fond du cœur : « Comment s'étonner que, dans leur ignorance et leur vie de privations,

tant de malheureux rêvent et appellent le Communisme ! » Ils le rêvent, en effet, et ils l'appellent,
ayant désappris cette grande parole du Christ dans
son Evangile : *Il y aura toujours des pauvres parmi
vous*, et cette autre parole de Dieu aux Juifs con-
duits par Moïse aux terres de Chanaan : *Il y aura
toujours des pauvres dans le pays que vous habiterez ;
c'est pourquoi je vous ordonne d'ouvrir votre main
aux besoins de votre frère qui reste sans secours.*

Cette pensée si chrétienne que le pauvre a des
droits sur le superflu du riche, devait être exploi-
tée, et elle l'a été non pas avec sagesse, mais dans
un sens évidemment contraire aux intérêts de
l'humanité : elle l'a été, et elle l'est chaque jour
par d'obscurs déclamateurs qui trompent sciem-
ment les masses illétrées, les excitent à toutes les
violences, et les conduisent forcément à la guerre
civile, au vol et aux pillages.

Ces masses, il faut les plaindre plus encore qu'il
ne faut les blâmer.

Ce n'est pas sur elle que doit tomber la réproba-
tion publique ; elle doit tomber uniquement sur
ces discoureurs éhontés qu'anime un coupable désir de popularité, qui cherchent à se rendre sym-
pathiques au peuple en lui parlant de ses souffrances, qui lui montrent la richesse qu'il peut acquérir à coups de fusils, sans lui montrer jamais
l'horreur des crimes auxquels on le convie, sans
lui dire, surtout, que cette richesse ne lui appar-
tiendrait qu'un moment, et que, le lendemain même du succès, en supposant qu'il l'obtînt contre
les dix millions de détenteurs actuels du sol, elle
deviendrait la proie de deux cent mille tyrans for-

cenés dont il ne pourrait être que l'esclave, et qui le rendraient plus misérable qu'il ne l'a jamais été.

Oui, voilà ce qu'ils ne disent pas au peuple qu'ils égarent et qui les acclame. Rien n'est plus vrai, pourtant, et c'est ce que nous espérons démontrer sans réplique à l'ouvrier intelligent qui voudra bien nous lire avec quelque attention. Mais, d'abord, qu'il prenne garde de ne pas s'irriter à ce court préambule de l'étude que nous lui dédions. Qu'il éloigne aussi de son esprit l'idée que nous sommes peut-être l'un de ces privilégiés du hazard auxquels la fortune a souri, et qui, n'attendant plus rien de l'avenir, restent froids aux malheurs du pauvre et sans pitié pour le travailleur. Ce serait là une erreur étrange. Nous l'avons déjà dit ailleurs, enfants du peuple, c'est dans ses rangs que nous avons grandi ; nous avons connu ses peines, nous les avons partagées. Pendant soixante ans et plus, notre vie a été une vie de travail et d'études : en y cherchant une amélioration toujours désirable, nos regards ne se sont jamais détournés du milieu qui nous environnait, et nous pouvons dire en toute vérité qu'aucune des idées qui bouillonnent dans l'esprit des classes laborieuses ne nous est restée indifférente.

Ces détails intimes, nous ne devions pas, nous ne pouvions pas les laisser ignorer. Il est dans la nature du cœur humain de n'attacher qu'une confiance limitée aux conseils que donne une bouche étrangère. Aussi, avant d'attaquer ouvertement et avec la plus entière franchise des doctrines que nous proclamons dangereuses et irréalisables, nous avons pensé qu'il était utile de bien nous faire connaître.

Maintenant, nous entrons en matière.

IV

Il existe deux formes de Communisme, ou plutôt deux moyens différents que l'on a successivement présentés comme l'unique remède aux souffrances des peuples, et comme un obstacle certain à l'accumulation de la richesse dans les mains de ceux qu'on appelle *la bourgeoisie privilégiée*.

Dans l'une ou l'autre de ces formes, quelquefois dans les deux ensemble, viennent se fondre et s'absorber, sans exception, les systèmes divers d'égalité émis jusqu'à ce jour, car la fin de tous est de réclamer l'abolition de la propriété individuelle.

Ces deux formes de communisme sont :

1° Une *loi agraire* qui serait inscrite en tête de nos constitutions politiques, loi en vertu de laquelle la fortune territoriale et financière du pays serait partagée par égalité entre tous les citoyens que l'on considérerait comme simples usufruitiers des portions à eux adjugées.

Telle est la première forme.

2° Le régime de la *collectivité*, c'est-à-dire la mise à exécution du principe que toutes les propriétés, de quelque nature qu'elles soient, appartiendraient à l'État, qui en distribuerait les produits *à chacun selon ses besoins*.

Telle est la seconde forme.

Ces deux systèmes, quoique différents dans leur énonciation, présentent dans leur application tant de points de contact et tant de solutions identiques, que l'on pourrait facilement les confondre. Il faut bien s'en garder, pourtant, car le premier consacre encore, tout en l'amoindrissant dans d'énormes proportions, un semblant de propriété, et il veut implicitement que chacun se suffise à lui-même. Le second, au contraire, reconnaît l'État comme seul propriétaire, et l'oblige, en conséquence, à pourvoir aux besoins de chacun de ses membres.

Nous le répétons : c'est dans l'une ou l'autre de ces deux formes que retombe forcément toute question de communisme. Ses partisans les plus sincères, s'il en exista jamais, ne peuvent la trouver que là. C'est donc sur le mérite et l'avantage de chacun de ces deux systèmes que doit porter notre discussion.

Occupons-nous d'abord de la *loi agraire*, et parlons-en avec quelques détails, car nous savons, à n'en pas douter, que cette première forme du communisme a rencontré chez les ouvriers de nombreux partisans : ils repoussent la *collectivité* comme indigne d'un peuple libre, et soumettant une nation entière, dans sa vie et ses besoins journaliers, aux passions d'un comité directeur.

V

Adeptes convaincus de la nécessité du Communisme, victimes trop crédules des sophistes coupables qui viennent vous la prêcher jusque dans vos salles publiques, vous la croyez utile aux classes malheureuses, et vous en réclamez les bienfaits ! Vous êtes de bonne foi, je le crois ; mais vous êtes-vous jamais demandé si, en France, *une loi agraire* est exécutable et quelles en seraient les conséquences ?

Voyons et raisonnons.

Vous voulez partager la France entre tous, j'y consens ; sachons d'abord ce que nous avons à partager.

1º La France possède une superficie totale de cinquante millions, cent quarante-cinq mille, quatre cent vingt-deux hectares (50,145.422).

Il faut en déduire pour routes, chemins de fer, chemins ordinaires, places, rues, rivières, lacs, forêts domaniales, églises, presbytères et bâtiments publics, deux millions, huit cent cinq mille, huit hectares (2,805,008).

Ce qui donne un reliquat de quarante-sept millions, trois cent quarante mille, quatre cent quatorze hectares (47,340,414).

2º La France possède en capital monétaire une somme de trois milliards (3,000,000,000).

3º La valeur du mobilier individuel de toutes les classes, riches et pauvres, est de cinq milliards (5,000,000,000).

4º Les bestiaux de toute nature, les cheptels de tout genre, sont évalués à deux milliards, deux cent quarante-trois millions, neuf cent cinquante mille francs (2,243,950,000).

Nous faisons, pour le moment, abstraction de l'article relatif aux propriétés bâties ; il est d'une haute importance, et il en sera question dans le paragraphe suivant.

Telle est donc la fortune partageable de la France.

Voyons maintenant quelle est sa population.

Le recensement général de 1872 l'établit ainsi :

Catholiques, 35,387,703 ; protestants, 580,587 ; juifs, 49,439 ; non-chrétiens, mahométans et autres cultes, 3,071 ; individus qui ont déclaré ne suivre aucun culte, ou dont le culte n'a pu être constaté, 81,951. Ces divers chiffres additionnés donnent une population de trente-six-millions, cent deux mille, neuf cent cinquante et un habitants (36,102,951).

Il résulte de ces tableaux de la fortune partageable de la France et de sa population, que si le Communisme s'implantait parmi nous, chaque habitant aurait droit :

1º A un hectare, trente-six ares, quatre-vingts centiares de terrain ;

2º A sa part d'argent dans les trois milliards du capital monétaire, soit à 81 fr. 15 centimes ;

3º A un mobilier individuel de 135 fr.;

4º A un cheptel de 62,04 c.

Mais comment parvenir à l'exécution d'un tel partage?

Ici se présentent d'abord de notables diminutions sur les chiffres que nous avons donnés, puis, sur le tout d'inextricables difficultés.

Spécialement, en ce qui concerne les terres, assigner à chacun 1 hectare, 36 ares, 92 centiares de terrain, serait d'une complète injustice. La terre n'est richesse que par la bonté du sol, la facilité de sa culture et les soins bien entendus qu'on lui donne. Quelque rationnelle même que soit cette culture, il y aura toujours d'irrémédiables inégalités. Nous avons d'abord cent vingt mille hectares d'un sol rocailleux ne pouvant être cultivés : d'un autre côté, les terres d'une grande partie du centre de la France, de l'ouest, du midi, ne peuvent être assimilées aux plaines si riches de la Limagne d'Auvergne, de la Brie, de la Beauce et du Nord : les vignobles du Bordelais, de la Bourgogne, des côtes du Rhône et même du Jura, défient toute comparaison avec les innombrables vignobles dispersés sur plus de la moitié du pays. Assigner la même quantité de terre à chacun et l'assigner aveuglément, ce serait doter l'un de mille francs de revenu, au moins, et l'autre de cinquante francs, au plus. Si l'on veut un partage équitable, il faudrait donc, en tout et pour tout, de justes compensations. Or, pour la correcte évaluation de 36,102,951 parcelles. les travaux d'un quart de siècle ne suffiraient point, et si elle venait à être terminée, il deviendrait nécessaire de la recommencer encore, car pendant ce quart de siècle d'un travail préparatoire, des millions de lots auraient changé de valeur, ou par les soins du cultivateur, ou par son incurie.

La question du capital monétaire ne présenterait pas de moindres difficultés. Comment faire entrer ces trois milliards de capital dans les caisses publiques ? On ne pourrait demander à chaque possesseur d'or et d'argent qu'une simple déclaration, une affirmation, si l'on veut, de la quotité de numéraire dont il serait détenteur; mais tous ceux que révolterait cette idée de communisme, et ce serait la presque unanimité, violeraient la loi dans leur intérêt personnel, et ils la violeraient d'autant plus hardiment qu'elle serait à leurs yeux injuste et spoliatrice.

Il en serait de même pour les cinq milliards de mobilier individuel. On ne peut croire que le possesseur d'objets rares et précieux, de diamants, de bijoux, d'argenterie, d'orfèvrerie, de tableaux, de chefs-d'œuvre de peinture, de sculpture, etc., etc., ne trouverait pas moyen de les conserver en les dérobant à tout regard inquisiteur.

Que resterait-il donc à partager dans ces deux valeurs s'élevant ensemble à huit milliards ? Un quart, à peine, c'est-à-dire deux milliards, qui donneraient à chaque habitant 58 francs environ, dont les deux tiers seraient meubles meublants ou mobilier, de sorte que l'actif de tout Français serait définitivement composé ainsi qu'il suit :

1° Terre, 1 hectare 36 ares 92 centiares ;

2° Cheptel de 62 fr. 04 c. ;

3° Argent et effets mobiliers, 53 francs.

Ajoutons, pour ne rien omettre, que si l'on partageait, et ce serait de toute justice, les instruments agricoles, chacun aurait un outillage presque suffisant pour sa modeste exploitation.

VI

Occupons-nous maintenant des *propriétés bâties* que nous n'avons pas fait entrer dans la masse des biens à partager. Cet article est, comme nous l'avons dit, d'une grande importance, puisque, dans la statistique des richesses de la France, il est évalué à 17 milliards. L'immense multitude de chaumières, de maisons, d'hôtels, de châteaux suffirait peut-être pour donner à chacun une habitation séparée, mais comment partager, comment diviser ? Pour loger, par exemple, douze ménages dans un château d'une certaine étendue, il faudrait

détruire ce qui est, diviser et rebâtir pour installer
commodément les propriétaires nouveaux. Ce n'est
pas tout : il faudrait à ces propriétaires nouveaux
des granges, des celliers, des écuries, des ateliers,
des magasins. Où trouver tout cela si l'on ne bâ-
tissait encore? Les changements seraient innombrables, et tout changement important équivau-
drait presque à une construction nouvelle. Nous
pouvons donc l'affirmer sans craindre d'être dé-
menti, à ce travail de démolitions et de construc-
tions dont l'Etat devrait faire les frais, les 17 milliards de propriétés bâties suffiraient à peine. Le
Communisme le plus résolu pourrait-il opérer un
tel miracle? Et que ferait-il de la France? un immense et pauvre village !

VII

Admettons cependant que toutes les difficultés
qui viennent d'être signalées soient aplanies, que
tout soit partagé avec la plus entière justice, avec
la plus rigoureuse bonne foi, les rouages de cette
république modèle vont enfin fonctionner réguliè-
rement, vous l'espérez, du moins: mais qu'est-ce
donc ?... Voici venir de différents côtés des plaintes
amères. Telle commune de votre département a vu,
depuis quelques mois, naître quatre enfants de
plus qu'elle n'en avait au moment du partage; on
réclame leur part, car ils sont citoyens, et, comme
les autres, ils ont droit à leur modeste lot. Cependant, où le prendre, il n'y en a plus de disponibles.
Attendez, diront les gouvernants, il y a par-delà les
montagnes, dans un département presque voisin,

une commune où se présente un cas tout contraire : la mort y laisse quatre lots vacants ; ce sera une simple mutation de têtes et de propriétés...

Partisans du Communisme, est-ce là ce que vous demandez ? Non, dites-vous. Eh bien ! moi j'affirme que tel serait votre sort si vos idées venaient à triompher.

Sans sortir de la vérité, on peut aller bien plus loin encore. Dans un pays de 36 millions d'habitants, il ne serait point extraordinaire qu'après quelques années seulement, la population augmentât de deux ou trois cent mille âmes : que ferait-on alors, et que deviendrait un partage si ardemment désiré par une multitude imprévoyante, un partage si contraire aux vrais intérêts de l'avenir ?

En présence de cette éventualité, grosse de dangers en tous genres, ferait-on comme à Sparte, et tiendrait-on en réserve quelques millions d'hectares pour les enfants à naître ou les citoyens à venir ? La plus simple prudence le voudrait, mais alors un retranchement notable sur les lots que nous avons calculés deviendrait nécessaire, et ces lots déjà si minimes, ne suffiraient certainement plus aux besoins de la population.

Est-il nécessaire, en effet, de démontrer l'impossibilité radicale où se trouverait chaque propriétaire de cultiver même sa modique parcelle de biens ? Le bœuf, le cheval de labour, où les chercher et comment les nourrir ? La semence, les engrais, qui les fournirait ? Les difficultés disparaîtraient, il est vrai, en partie du moins, au moyen des échanges ; mais qu'échanger au milieu d'une population tourmentée des mêmes besoins, subissant les mêmes

privations ? Elles disparaîtraient encore avec a
possession d'un capital suffisant, mais ce capital,
nul ne le possèderait, car les chiffres que nous
avons donnés sont d'une exactitude rigoureuse.

Nous avons parlé de Sparte : parmi les exemples
d'un communisme réalisé, on a souvent cité cet
Etat sous le gouvernement de son roi, Lycurgue.
L'exemple n'est pas concluant, et on l'invoque à
tort dans la question qui nous occupe. Le territoire
de Sparte égalait à peine en étendue les deux tiers du
département de l'Allier, et sa population, non compris
les 50.000 ilotes ou esclaves chargés de cultiver les
terres, ne dépassa jamais 200,000 habitants. Frappé
de la vie simple et sévère des Crétois, qu'il avait
visités, et la comparant à la vie licencieuse de
ses compatriotes, Lycurgue résolut de réformer
les mœurs et les lois de sa patrie. Il fit accepter
par ses concitoyens le partage des terres en portions égales. Neuf mille parts furent distribuées
aux neuf mille chefs de famille de Sparte, vingt
mille formèrent la part des habitants des campagnes, et dix mille furent gardées en réserve pour
les cas imprévus.

L'or fut supprimé ; il n'y eut plus qu'une mon-
naie de fer, « si encombrante et si difficile à ma-
nier, dit Plutarque, que la valeur de cent écus suf-
fisait à emplir un cellier de la maison, et qu'il fallait une paire de bœufs pour l'y traîner. » Par suite
du partage des terres, chaque chef de famille
devint propriétaire de neuf hectares environ, qui
ne pouvaient être ni vendus ni donnés. La propriété et l'hérédité étaient admises. Ajoutons, pour
bien faire connaître cette étrange monarchie, que

la famille d'un nouveau-né avait le droit de le
mettre à mort lorsqu'il lui paraissait mal consti-
tué ; que l'enfant se livrant au vol n'était puni que
lorsqu'il se laissait surprendre commettant son
larcin ; que les jeunes filles devaient danser nues
en présence des jeunes gens ; que toute femme
mariée avait le droit de se prostituer avec tout
poursuivant de bonne volonté, et enfin que les
repas, d'une incroyable simplicité, étaient pris en
commun.

Proposer de telles lois à la France, ce serait
faire injure à son intelligence, méconnaître ses ins-
pirations et la blesser dans ses sentiments les plus
chers.

VIII

Les conséquences d'une *loi agraire* n'ont pas
besoin d'être signalées; elles frappent l'esprit le
moins sensé. Il en est deux, cependant, qu'il importe de ne pas passer sous silence, tant elles
seraient fertiles en déceptions et en misères de
toutes sortes : ce sont l'abolition de l'hérédité et la
ruine complète de l'Etat.

L'hérédité disparaîtrait et, par suite, serait bles-
sé dans toute sa profondeur le sentiment le plus
cher au cœur de l'homme, le mobile le plus actif
de son travail de chaque jour et des intérêts de sa
vie. Le père ne pourrait plus transmettre sa fortune à
ses enfants. Simple usufruitier, il laisserait ses biens
à l'Etat, jusqu'à concurrence, du moins, de ce qu'il
aurait reçu de lui au moment du partage général ;
car, il ne faut pas l'oublier, le principe fondamental
de la loi agraire est celui d'une égalité parfaite des

portions du territoire entre tous les citoyens. Il est
évident, en effet, que si le père et la mère laissaient
à l'enfant leur portion personnelle de biens, l'égalité
serait bientôt détruite : quelques générations y
suffiraient On verrait alors renaître, aussi grande
que jamais, cette différence de fortunes que l'on
représente aujourd'hui comme la cause des misères du peuple. L'œuvre, à peine achevée, aurait
vécu, un second nivellement deviendrait nécessaire.

Quant à l'Etat, sa ruine serait aussi certaine. aussi prompte que celle des populations. Ses forêts,
ses manufactures, ses palais, ses musées ne la re-
tarderaient pas d'un jour. A quoi lui serviraient,
d'ailleurs, tant de richesses accumulées en face
d'un pays dont les trente-six millions d'habitants
seraient la proie d'une misère décrétée par la loi?
Tout périrait parce qu'il est dans la nature de
l'homme de fuir le travail et la peine, lorsqu'il n'y
trouve aucun espoir d'améliorer son sort, aucune
certitude d'assurer à ses enfants l'aisance qu'il avait
rêvée pour eux et pour sa vieillesse. Où serait donc
le crédit de la France ? Le crédit, unique source de
la richesse d'un Etat, ne s'établit de nation à nation
que par une confiance absolue : confiance dans les
chefs dont on peut apprécier la sagesse, la justice
et la rigoureuse probité ; confiance dans la masse
du peuple dont on peut connaître la droiture, l'intelligence et la fortune. Avec cette double confiance, l'importance du crédit s'accroît à mesure que,
de l'intérieur à l'extérieur, s'étend la sphère de l'industrie et du commerce. Alors, les relations de
puissance à puissance se multiplient, toute distan-
ce s'évanouit devant la rapidité des transports et

des communications, et ainsi se produit une véritable solidarité universelle. Mais nous demandons quel essort pourrait donner à un crédit quelconque un gouvernement communiste. A part les céréales et les bestiaux, dont il favoriserait forcément l'importation, quels articles commanderaient sa prévoyance? Quant aux exportations, elles deviendraient tout simplement impossibles. Qui donc, en effet, sous l'empire du communisme brutal dont nous nous occupons, voudrait et pourrait tenter la plus légère des spéculations. Lorsque tout aurait péri, jouissances du luxe et de l'esprit, fêtes et théâtres ; quand le nivellement des fortunes et l'indigence du fisc auraient rendu impossible toute grande entreprise, toute grande création de monuments nouveaux, que ferait le peintre de ses tableaux, le statuaire de ses marbres, l'écrivain de ses œuvres, le penseur des conceptions de son génie? Dans la stagnation profonde de tous les arts, dans le silence forcé de tous les talents, notre intelligence déclinerait avec une effrayante rapidité, et se perdrait bientôt dans une ignorance sans limites.

Nous devons donc le répéter encore : demander le règne d'une *loi agraire*, c'est demander une mesure impraticable à tous les points de vue. Présenter cette mesure comme un moyen de venir en aide aux classes malheureuses, c'est faire une œuvre mauvaise et impie; c'est chercher à tromper lâchement des hommes crédules, parce qu'ils sont égarés par la souffrance. La Convention elle-même avait été frappée de la grandeur de ce crime, et, par la loi du 10 mars 1793, elle avait condamné à la peine de mort quiconque s'en rendrait coupable. C'est pour ce crime et en vertu de cette loi que Babœuf monta sur l'échafaud en 1797.

IX

Nous avons jusqu'ici considéré le Communisme sous sa première forme, et nous avons vu qu'il consistait uniquement dans la stricte exécution de la *loi agraire* : étudions-le maintenant sous sa seconde forme, c'est-à-dire sous le régime de la *collectivité*, qui veut que tous les biens appartiennent à l'Etat.

Il serait inutile de le nier, car les faits sont saisissants et parlent haut, la conscience des classes souffrantes commence à se demander un compte sérieux de l'institution de la propriété, et tend aujourd'hui à reconquérir sur elle ses prérogatives oubliées. C'est pourquoi se débattent ces grandes et terribles questions du paupérisme, du droit au travail, d'organisation nouvelle dans les exploitations industrielles. Les congrès ouvriers qui semblaient, il y a vingt ans à peine, ne demander leur triomphe qu'à de paisibles discussions, en appellent maintenant à la force brutale. Examinées avec sang-froid, pesées avec sagesse, quelques-unes de leurs revendications sont justes sous d'importants rapports ; mais que gagnent-elles à être présentées la menace à la bouche et les armes à la main ? Croient-ils que la guerre civile à laquelle ils convient des multitudes en souffrance mettrait un terme à leur misère ? Hélas ! il faut bien le dire, plus d'un combattant aurait à se défendre contre son propre père, contre ses frères, contre ses amis, et le sort de tant de communistes égarés par de perfides conseillers n'en serait que plus cruel. Vaincus, les améliorations qu'ils réclament leur seraient certainement refusées, et pour longtemps, peut-être ; vainqueurs, ils tomberaient, nous le démontrerons bientôt, dans une servitude si honteuse, que les âmes, même les plus abjectes, ne tarderaient pas à s'en révolter.

Sachons donc, et que les classes ouvrières apprennent enfin ce que c'est que ce *Communisme de collectivité* qu'une république, oublieuse de toute idée morale, laisse prêcher dans nos campagnes et dans les grands centres de nos populations industrielles.

X

Babœuf qui, d'abord, s'était montré partisan fougueux de la loi agraire, ne tarda pas à se convaincre de l'inutilité de ses efforts pour populariser son idée du partage des biens. Dans l'antiquité, la communauté avait été préconisée par Platon ; plus tard, elle trouva quelques rares philosophes pour la défendre, Thomas Morus, Campanella, Harrington et Morelly. Babœuf s'empara de leurs idées, et, avec l'ardeur révolutionnaire qui le dévorait, les développa dans son journal *Le Tribun du Peuple* ; il écrivait en l'an iv (1795-1796) :

« Le seul moyen d'assurer à tous leur subsistan-
« ce, c'est d'établir l'administration commune, de
« supprimer la propriété particulière, d'attacher
« chaque homme au talent, à l'industrie qu'il con-
« naît, de l'obliger de déposer les fruits en nature au
« au magasin commun, d'établir une simple admi-

« nistration de subsistances qui, tenant registre de
« tous les individus et de toutes les choses, fera
« répartir ces dernières dans la plus parfaite égalité,
« et les fera déposer dans le domicile de chaque
« citoyen. »

Un demi-siècle s'était à peine écoulé que Proudhon disait : « La propriété est un vol : tout homme
« improductif, oisif, qui consomme sans produire,
« n'a pas droit au nécessaire. Par principe, par
« examen, la propriété est immorale : cette propo-
« sition est acquise à la critique. »

L'élan était donné : rien ne devait plus arrêter
le Communisme dans la voie de ses revendications.
Aux écrits de quelques sophistes, hommes d'énergie, il faut bien le dire, succèdent les comités de
Genève, de Londres et de Paris ; puis viennent les
Congrès ouvriers, et, partout, on décide que la
propriété individuelle doit être abolie, ainsi que
l'hérédité : que le sol appartient à la communauté,
qu'il faut l'y faire rentrer pacifiquement si c'est
possible, par la force, si c'est nécessaire. (Congrès
de Paris, juillet 1880).

A ces attaques applaudies et propagées par des
folliculaires ambitieux, comme il s'en trouve toujours dans un pays en proie aux tourmentes révo-
lutionnaires, il est bon d'opposer une défense sérieuse. Sans doute, il n'est pas à craindre que la
raison publique s'égare jamais jusqu'à sanctionner
par ses approbations un tel délire de renovation
sociale ; mais beaucoup d'hommes de bonne foi
peuvent être trompés, il est utile qu'ils soient éclai-
rés ; ils peuvent être entraînés, il est honorable
qu'on les protège.

Au premier abord, le système de Babœuf paraît aussi complet que clairement énoncé ; mais examiné successivement dans tous ses détails, on est frappé de l'impossibilité de son exécution, et l'on se demande s'il y a une seule idée sérieuse et praticable dans le travail de ce prétendu réformateur.

Il est facile de concevoir l'Etat se rendant, par une loi, propriétaire de tous les immeubles de la France, seul maître des fruits qu'ils pourront produire, et décrétant une simple administration des subsistances ;

Il est facile aussi de concevoir une loi créant cette administration dans chaque chef-lieu de département, de canton ou de commune, et fixant le nombre des membres qui la composeront;

Mais après ?

Supposons, et ce serait le mode le plus naturel, une administration de subsistance dans chaque chef-lieu de commune, nous aurions en France trente-six mille administrations.

Elles recevraient journellement tous les produits du territoire, sans exception, même la plus légère, blé, seigle, orge, avoine, maïs, etc , pommes de terre, pois, haricots, légumes de tous genres, etc., olives, pommes, poires, raisins, pêches, cerises, fraises, etc., vins, vinaigres, huiles, cidres, liqueurs, etc., foins, trèfles, luzernes, pailles, etc., etc. ; il serait tenu *un registre régulier* contenant les noms des déposants, et la nature, ainsi que la quotité des choses déposées ; puis, *avec la plus parfaite égalité,* c'est l'inventeur qui le dit, on conduirait, au domicile de chaque habitant, la portion attribuée à la famille !

On comprend que, pour un travail de ce genre,
le nombre des membres de chaque commission
devrait être pour la France de douze au moins,
terme moyen, car si nous avons quelques communes de 800 âmes seulement, nous avons Paris, qui
a 2,000,000 d'habitants; Lyon, qui en a 344,000;
Marseille, 310,000 ; Bordeaux, 150,000; St-Etienne,
100,000 ; Lille, 75,000, etc., etc. Les 36,000 mille
administrations de nos communes formeraient
donc un total de quatre cent trente-deux mille ad-
ministrateurs. Mais on ne consacre pas une vie entière à des travaux aussi longs que difficiles, aussi
fastidieux que pénibles, sans une rémunération
suffisante, rémunération d'autant plus juste que
l'administrateur se trouverait absolument empêché
d'exercer une profession quelconque. Fixons-la
économiquement à 3 francs par tête et journée
d'administrateur, et l'on aura à payer un million
deux cent quatre-vingt-seize mille francs par jour,
soit par année quatre cent soixante-treize millions
quarante mille francs (473,040,000 fr.)

Ce n'est pas tout : pour faire fonctionner réguliè-
rement un tel ensemble d'opérations, il faudrait
doter chaque commune d'immenses magasins, de
vastes et nombreux celliers, de caves énormes, qui
permettraient un aménagement commode, un en-
lèvement facile et une sécurité parfaite s'appro-
priant à toutes les variations athmosphériques ; il
faudrait une multitude indéfinie d'employés, de
chevaux et de voitures ; il faudrait des départs et,
malgré les distances, des arrivées à heures fixes,
car, surtout chez le travailleur et l'enfant, la faim
commande, et l'attente est souvent cruelle.

Et la distribution, comment se ferait-elle ? Donnerait-on à chacun, comme le veut Babœuf, avec une égalité si parfaite que, de deux familles, composées l'une et l'autre de quatre membres, mais dont la première serait laborieuse, et la seconde livrée à la paresse, toutes deux recevraient la même quantité de subsistances ? Dans ce cas, qui se présenterait partout et chaque jour, que deviendrait le précepte de Proudhon, qui veut que tout homme oisif, qui consomme sans produire, n'ait pas droit au nécessaire ?

Enfin, si dans la distribution, il y avait oubli, injustice, mauvais vouloir, préférence, entêtement, ignorance ; si, chez les préposés, il y avait persistance, qu'adviendrait-il, et à qui recourir ! La création de *Tribunaux de subsistances* deviendrait une nécessité absolue. Singulière fonction de juges qui auraient sans cesse à décider des goûts, des appétits et des besoins de nourriture de leurs justiciables ! Tout cela est-il assez ridicule ?...

Nous n'avons exposé ici que quelques-unes des graves objections que l'on peut victorieusement opposer à Babœuf : avons-nous eu tort de dire qu'il n'y a pas une idée serieuse dans le système de cet étrange réformateur ?

XI

Quelques esprits, frappés de l'impossibilité évidente d'établir parmi nous la loi agraire dans toute sa crudité et des difficultés inextricables que présenterait le mode de partage des fruits inventé par Babœuf, ont pensé que l'on pouvait corriger

d'une manière heureuse les idées de cet écrivain,
et tout en proclamant que l'Etat devait rester seul
maître de la propriété, ils ont adopté le principe
du partage des fruits *selon les besoins de chacun*. Le
ténébreux chaos dans lequel les opinions diverses
s'étaient débattues jusqu'alors, a paru s'illuminer
tout à coup : la masse a applaudi, et l'axiome : *à
chacun selon ses besoins*, est devenue la formule générale du Communisme.

Qu'on veuille réfléchir cependant, et on verra
sans efforts que cette amélioration du système de
Babœuf, séduisante au premier abord, ne fait que
compliquer la question, et peut devenir la source
des plus criantes injustices.

En effet, du moment où le partage est admis, on
tombe inévitablement dans l'insoluble réseau des
objections que nous avons présentées ; aucune ne
sera résolue, rien ne brisera et n'amoindrira leur
force ; seulement, avec ce principe : *à chacun selon
ses besoins*, on en soulève une autre bien faite pour
nous effrayer.

La voici dans toute sa simplicité :

Vous voulez que les produits du territoire soient
distribués *à chacun selon ses besoins* ; nous le vou-
drions également, mais est-ce chose possible ?
Quelle est donc la mesure des besoins de l'homme ?
Ceux de l'animal sont impérieux et fixes : il n'a
pas la raison qui, seule, l'engagerait, le forcerait à
les dépasser ou à les modérer. Chez l'homme, au
contraire, c'est la volonté qui, dans les circonstances ordinaires de la vie, règle la mesure de ses besoins. Les besoins même de l'estomac doivent être
réglés par la tempérance. S'il le veut, il peut, pen-

dant des années entières, se nourrir de pain et d'herbes, comme un anachorète, de même qu'il peut se lever, encore affamé, de la table d'un Lucullus ou d'un Gambetta. Avant de fixer sa part dans les produits de la communauté, il serait donc juste de le consulter. Or, fonder une société qui n'admet d'autre loi que la conscience de chacun de ses membres pour fixer ses besoins, c'est méconnaître la nature humaine, c'est supposer des hommes parfaits.

Les communistes ont vu cette difficulté : que proposent-ils pour la résoudre ? Après avoir séduit les masses par cette formule qui semble tout accorder à l'individu : *à chacun selon ses besoins*, ils font abstraction de sa personne, abstraction de sa femme, de ses enfants, de sa famille, et ils créent des répartiteurs, vrais juges de toute capacité stomachique, les investissant du droit d'apprécier les besoins de chacun et de répartir les fruits d'après une donnée arbitraire ! Tout cela est-il assez étrange, assez humiliant pour un peuple qui se croit libre ! Et voilà le Communisme qu'il s'agit de conquérir ?

Et si la famille trouve l'allocation insuffisante, si elle l'est en effet, à quel tribunal aura-t-elle recours pour apaiser sa faim ?

Quel que soit le pouvoir qui vienne à triompher en France, qu'il soit aristocratique, qu'il soit démocratique, si la propriété particulière est remplacée par celle de l'Etat, le principe du partage devra forcément être admis, et il arrivera ceci de toute nécessité :

Le partage sera-t-il inégalement fait, c'est-à-dire voudra-t-on donner *à chacun selon ses besoins* ? Les

répartiteurs, alors, décideront, ce qui est vrai,
d'ailleurs, qu'il est des organisations qui exigent
une nourriture plus abondante, plus substantielle
que celle suffisante pour les cas ordinaires ; ils ju-
geront, ce qui est vrai encore, que certains travaux
sont plus difficiles, plus méritoires que d'autres,
et donnent droit à une rétribution plus élevée. Mais,
en ce cas, le principe même du Communisme dis-
paraît. Si celui qui reçoit se ménage et s'impose
des privations, il acquiert un pécule ; le capital que
l'on veut proscrire, reparaît ; les sources de la propriété sont rouvertes, et l'activité, le talent, l'esprit de conservation, l'économie, pouvant obtenir
leur prix, l'égalité des biens, des fortunes, des con-
ditions ne subsiste plus.

Le partage sera-t-il également fait, c'est-à-dire
donnera-t-on à chacun une part égale dans les produits ? Les répartiteurs décideront alors que le citoyen complètement oisif et paresseux doit être
aussi bien traité que le travailleur émérite ; ils décideront encore que les aptitudes de tous les hommes, celles de l'estomac surtout, sont les mêmes,
qu'il n'y a nulle différence entre les goûts, les carac-
tères et les organisations. Mais cette utopie est la
plus triste, la plus cruelle de toutes : ils prendront
leur niveau sur la condition des plus pauvres, de
ceux qui ont été réduits à ne connaître que la vie
animale ; encore leur faudra-t-il une échelle
progressive ou descendante pour les deux sexes,
pour les enfants, les époux, les vieillards. On peut
affirmer que, dans tous ces cas, après avoir enlevé
à l'homme et à son activité le puissant mobile de
travail, qu'il trouve dans le désir et la recherche de

la propriété, la terre ne serait plus cultivée qu'avec indolence, et qu'au bout de quelques années, elle ne produirait peut-être plus assez pour fournir à tous le brouet communiste.

Le résultat évident de tous ces systèmes, c'est que notre belle patrie, cette France, autrefois si glorieuse, ressemblerait en tous points à une immense maison de Clairvaux, où la nourriture de chacun serait choisie, pesée et distribuée sous l'œil du maître. Les membres de la communauté ne compteraient plus comme citoyens d'un grand empire, ils deviendraient de vrais prisonniers auxquels une tâche journalière serait imposée par les gardes-chiourmes de quelques ambitieux couronnés. Est-ce là le sort réservé à la France?

Il faut se demander enfin ce que ferait l'Etat de l'immense territoire qu'il se serait adjugé. Il ne le partagerait point, cela est évident : le ferait-il cultiver par des employés à ses ordres et payés à prix d'argent? il ne le pourrait pas, ses ressources s'épuiseraient rapidement dans les salaires journaliers de cinq à six millions de travailleurs qu'il aurait à surveiller sans relâche, pour tout domaine de la plus petite importance. Et les récoltes, les fruits, les denrées de toute nature? On les emmagasinerait dans les celliers communs, soit ; mais les ventes, celles des fruits surtout, qui se corrompent si vite, qui s'en chargerait, qui en répondrait? Encore des employés, toujours des employés! Ne voilà-t-il pas un propriétaire modèle que celui qui ne peut agir par lui-même dans la moindre de ses opérations, et se trouve forcé de les confier, sans la moindre exception, à un million d'intendants dont il aura, à toute heure; à vérifier les comptes, à moins qu'il ne préfère se laisser audacieusement voler?

L'Etat, disent certains communistes, pourrait partager les terres de chaque département en lots de mille ou deux mille hectares, et les livrer à des fermiers enchérisseurs.

Oui, cela se pourrait, en retranchant du sol de la France 540,000 hectares environ qui, selon les statistiques les plus autorisées, forment la quotité approximative du sol occupé par les propriétés bâties, l'Etat aurait à affermer quarante-sept millions quatre cent quatorze hectares de terrains qui, divisés en 23,500 lots, donneraient à chacun des 23,500 enchérisseurs un fermage de deux mille hectares environ.

Ce mode de jouissance conseillé à l'Etat a été acclamé par divers orateurs de nos congrès communistes : il importe, pourtant, de faire remarquer que sa plus inévitable conséquence serait de livrer à 23,500 individus, qui se seraient bientôt transformés en compagnies, toutes les richesses territoriales de la France. Supposez-les heureux dans leur gigantesque spéculation, et dites s'ils ne seront pas, au bout de quelques années, maîtres absolus de la fortune générale. Est-ce donc pour obtenir de tels résultats qu'il est juste de dépouiller aujourd'hui les sept ou huit millions de familles qui possèdent, soit qu'elles aient acquis par elles-mêmes, à la suite d'une vie économe et laborieuse, soient qu'elles aient hérité de leurs ancêtres qui, eux aussi, avaient acquis par leur travail et par leur économie?

Si encore la richesse de ces nouveaux parvenus devait rester à la France ! Mais comment l'espérer?

Dans une république qui a fait main basse sur tous les immeubles et en veut rester maîtresse, aucune acquisition n'est possible ; or, il est dans la nature de l'homme de chercher à posséder pour lui-même et pour ses enfants. La communauté ou, plutôt, le communisme, ne se conciliera jamais avec les exigences de la famille, et c'est ce qui fait que son organisation peut à peine être conçue par la théorie la plus indépendante. L'or et l'argent iront donc chercher à l'étranger un placement fructueux et facile. Les trois milliards que nous possédons encore auront bientôt disparu, et d'autres nations s'enrichiront, heureuses sans doute de cette fièvre de communisme qui nous aura envahis et dévorés.

Contre ces folles utopies, contre ces rêves pleins d'insanités, s'élève, outre la conséquence que nous venons de signaler, la difficulté insurmontable dont nous avons déjà parlé à propos du partage, difficulté qui s'accroît encore, s'il est possible, en face de ces 23,500 fermiers.

En effet, ces fermiers, libérés de leur prix envers l'Etat avec lequel ils auront contracté, seront maîtres absolus de toutes les récoltes qu'ils auront recueillies : c'est là une vérité incontestable ; mais l'Etat, qui se sera emparé de tout, promettant *à chacun selon ses besoins*, devra donner à tous, au moins, le strict nécessaire : il sera donc, dans cette position singulière, forcé de racheter de ses fermiers les récoltes qu'ils auront perçues et d'en opérer le partage. Il est vrai que si ce rachat lui semble trop onéreux, il pourra s'acquitter de son obligation par la distribution du prix reçu des fermiers ; sans doute, mais quel que soit le mode qu'il adopte, un partage deviendra indispensable, et ce partage, nous avons démontré qu'il serait ignoble et impossible, souvent cruel et toujours désastreux.

Un écrivain d'un talent éminent, et qui se montra toujours ardent défenseur de la liberté, M. Michelet, résume ainsi ses idées sur le Communisme et la collectivité : « La communauté naturelle est un « état très-barbare et improductif. La communau- « té volontaire est un élan passager, qui retombe « bientôt. La communauté forcée, imposée par la « violence, est une chose impossible, nulle part « plus impossible qu'en France. »

XII

« Ainsi donc, s'écrieront les classes ouvrières, il ne nous resterait aucun espoir d'améliorer notre sort ! comme toujours, nous traînerions notre chaîne d'esclavage; nous verrions une bourgeoisie rapace, insensible à nos souffrances, vivre encore des fruits de notre travail et accumuler des capi- taux qu'elle ne détient que par un odieux droit de conquête ! Mieux vaut mourir que supporter plus longtemps une telle tyrannie. Aux armes, donc ! advienne que pourra : sachons, enfin, quel courage montreront l'égoïsme et la soif de l'or aux prises avec le droit et la justice ! »

On ne le nie point, c'est bien là le dernier mot du Communisme.

Si l'on ne savait pas qu'au fond de ces plaintes amères, il y a tout à la fois ignorance réelle et mi- sère poignante, il serait permis de, les maudire;

mais à Dieu ne plaise que, plein encore des souvenirs attristants, il sorte de notre bouche le blâme même le plus léger. Eclairer les ouvriers que l'on veut égarer, leur démontrer que la propriété à laquelle on s'attaque est la sauvegarde de tout état social, la seule barrière contre la barbarie des mœurs et des idées, leur prouver que les souffrances dont ils se plaignent sont loin d'être sans remède, tel est le but de cette étude. La première partie de notre tâche est accomplie, nous abordons la seconde qui n'a pas une moindre importance.

XIII

L'origine et les commencements de la propriété se perdent dans la nuit des temps. On a prétendu et l'on répète encore qu'elle est née de la victoire et des guerres d'invasion. Quand le premier peuple, dit-on, gouverné par son roi ou les chefs de sa tribu, déclara la guerre à une tribu voisine, un seul mode dut conduire à la propriété, la victoire. Les terres du vaincu, sa demeure, ses troupeaux, sa famille même devinrent la proie du vainqueur qui, sans nul doute, les partagea entre ses compagnons d'armes. Telle fut également l'origine de l'esclavage. Ainsi auraient été créées en même temps la servitude et la propriété. C'est ce qui faisait dire à Cicéron qui écrivait il y a 2,000 ans : « Aucune chose n'a été mise par la nature dans le domaine privé de l'homme : elle y est venue par une ancienne violence ou par la victoire. »

N'en déplaise à Cicéron, si telle était l'origine de la propriété, elle se trouverait exposée à de

justes attaques, car la violence, qui accompagne
l'occupation, ne fonde rien que ne puisse détruire
une violence nouvelle ou plus forte. Etablir la propriété sur la victoire, sur l'occupation d'un pays
ennemi, c'est la livrer à d'éternelles contestations,
c'est en faire l'objet d'un combat continuel. Quel
sera donc le vrai propriétaire? Ce sera le plus fort.
Mais le plus fort d'aujourd'hui peut devenir le plus
faible de demain. Le fils du vainqueur peut mourir
isolé au milieu des enfants du vaincu. Que deviendra la propriété dans ce conflit de tous les jours,
dans cette succession perpétuelle de détentions sans
cesse renouvelées? Ainsi donc, la fonder sur la
violence ou l'occupation, ce n'est pas la fonder,
c'est en faire le prix de la force brutale, c'est implicitement, dit un économiste distingué, la con-
damner comme une usurpation qui ne se conserve
que par la continuation du crime qui lui a donné
naissance.

Cependant cette opinion sur l'origine de la propriété, quoique essentiellement inadmissible au
fond, se comprend historiquement, en ce sens que
de grandes hordes étrangères ont, plus d'une fois,
envahi de vastes contrées, les ont subjuguées, et
s'y sont établies; elle pouvait donc s'accréditer dans
des siècles que n'éclairaient point encore les déduc-
tions logiques d'une saine philosophie; mais à
mesure que l'esprit humain a marché à la conquête
d'idées nouvelles, qu'il a scruté chaque phénomène
et cherché à en découvrir les causes, il a senti le
doute naître et grandir en lui : l'invasion, la guerre,
la violence, ne lui ont plus expliqué l'origine de la
propriété, et, alors, il a cru la trouver dans la loi.

« C'est l'établissement seul de la société, disent
Turgot, Mirabeau, Tronchet et leur école, ce sont
les lois conventionnelles qui sont la véritable source
du droit de propriété. » Ces assertions sont-elles
plus vraies que les assertions précédentes, les
principes qu'elles énoncent sont-ils plus justes,
plus incontestables que ceux formulés par Cicéron?
Non. En effet, la doctrine qui voudrait justifier la
propriété par la loi, pêche par sa base ; elle omet
le point essentiel, le point qu'il faudrait surtout
établir, celui de justifier la loi elle-même de la propriété. Il faut bien le reconnaître, la propriété a
certainement existé avant toute loi. Aux premiers
jours de la création, les hommes avaient, sinon de
vastes demeures, au moins des huttes grossières
pour se garantir de la chaleur ou du froid : la propriété, à son origine, n'a donc pas été instituée par
la loi ; si, plus tard, la loi est intervenue, ce n'a été
que pour la confirmer, la reconnaître, et non pour
l'établir. Est-ce que la loi elle-même peut donner
une stabilité parfaite à la propriété ? Dans des temps
d'ordre, d'aspirations paisibles et régulières, il
était permis d'avoir des illusions à cet égard ; mais
à l'époque où nous vivons, les évènements ont dû
nous éclairer et nous montrer que rien n'est à l'abri
d'une révolution. Le sentiment religieux qui, par
sa nature, nous fait un devoir de soulager toute
misère, de soulager tout ce qui souffre, est compri-
mé, repoussé, traité en ennemi par un gouvernement athée ; les droits les plus imprescriptibles
de la famille sont audacieusement violés ; un maté-
rialisme grosssier est mis en honneur et enseigné
dans les chaires publiques ; des hommes richement

dotés par l'Etat demandent effrontèment que le
crime soit considéré comme une maladie qui sera
traitée par le médecin et non punie par la justice :
il n'y a donc aucune garantie à fonder la propriété
sur la loi ; ce serait dire aux classes pauvres que,
pour acquérir légitimement la propriété, il suffit
de s'emparer de la loi.

Le Communisme a bien compris les conséquences
forcées de la doctrine que nous combattons ; aussi
ne cache-t-il plus, comme il le faisait, il y a quelques années encore, ses ardentes aspirations, il veut
s'emparer de la loi !

XIV

Mais, nous dira-t-on, puisque ni la conquête par
la guerre, ni l'occupation par la violence, ni la loi
ne sont l'origine de la propriété, quelle est donc
cette origine, et de quel droit mon voisin détient-il,
à mon préjudice, cette terre qui le nourrit, cette
maison qui l'abrite, ces usines, ces manufactures
dont il me vend les produits et où je consume ma
misérable existence pour augmenter ses richesses ?

Il les détient d'un droit naturel et imprescriptible.

Ce droit, des penseurs profonds, de véritables
amis de l'humanité l'ont depuis longtemps proclamé, et c'est une gloire pour la Révolution française
de l'avoir inscrit en 1791, dans sa *Déclaration
des Droits de l'Homme et du Citoyen.* « L'homme, dit-
« elle (art. 2), a des droits naturels et imprescrip-
« tibles, dont la conservation est le but de toute
« association politique, et ces droits sont la
« Liberté, la *Propriété,* la Sûreté, et la Résistance à
« l'oppression. »

Oui, la propriété est un droit naturel et imprescriptible, contre lequel toute loi humaine doit rester impuissante.

Allez au fond de cette idée, creusez-la hardiment,
et vous serez frappé de cette vérité, qu'il n'y a sur
la terre que trois choses, l'air, la lumière et l'eau,
dont nous jouissons sans efforts ; tout le reste, nous
devons le conquérir par le travail. L'homme ne crée
rien, sans doute ; mais son travail arrange, dispose,
transforme pour une fin utile : cette création secon-
daire est son œuvre, œuvre de peine et d'intelligence, qui lui appartient en propre, qui est sa chose,
et dont il ne peut être dépouillé sans la plus évidente
injustice. S'il cède cette œuvre, il a droit à un
équivalent, à un prix déterminé, à un service quelconque, équivalent, prix ou service, égal à la somme totale de son intelligence ou de sa peine. Si l'on
ne cherche point à s'abuser soi-même, si l'on ne se
laisse point volontairement entraîner par ces passions haineuses, qui, trop souvent, se glissent dans
l'esprit et tuent les meilleurs sentiments, on recon-
naîtra que ces principes sont de toute simplicité,
et que cette simplicité n'enlève rien à leur vérité.

Avançons encore dans cette preuve du droit naturel de la propriété.

On ne nous contestera point que l'homme n'ait
des devoirs importants à remplir ici-bas. L'un des
des plus éminents, le premier de tous, peut-être,
après l'amour qu'il doit au créateur de toutes choses, c'est le perfectionnement de lui-même. L'ensemble des efforts qui lui sont nécessaires pour
marcher avec confiance et certitude vers ce perfectionnement, c'est le travail, travail de tous les jours,

de tous les moments, de son corps et de son intelligence. Chaque homme doit donc, sur la terre, se livrer à la somme des travaux que réclame le but qu'il veut atteindre et pour lequel il a été créé. Mais la condition essentielle de la possibilité du travail pour l'homme, c'est la conservation assurée de son existence, c'est la ferme espérance que la vie ne lui manquera pas. Or, si d'un côté le travail est sa loi, si, d'un autre côté, il ne peut accomplir sa loi qu'en conservant sa vie, son devoir rigoureux est de chercher à vivre ; mais pour vivre, il lui faut, au moins dans une sage mesure, l'affectation à ses besoins journaliers de beaucoup de choses extérieures, notamment des aliments et du couvert ; de sorte qu'il est parfaitement vrai de dire que l'homme, en vertu de son droit de vivre, possède le droit de s'affecter, de s'approprier toutes les choses qu'exigent ses besoins physiques. Le droit de vivre, dit un judicieux écrivain, est la base même du droit de propriété, *droit naturel et imprescriptible, dont la conservation est le but de toute association politique.*

Il suit de là que chaque homme qui vient au monde est, de droit, futur propriétaire des choses qui sont nécessaires à ses besoins ; mais ce droit ne peut produire d'effets qu'à la condition d'un travail utile : la société a donc pour devoir de procurer, soit par l'apprentissage, soit par des travaux convenablement rémunérés, soit par l'attribution d'une fonction quelconque, des ressources suffisantes à celui qui s'en trouve privé.

De même que la propriété a pour raison d'être le droit de vivre, il semble qu'elle devrait avoir pour

mesure l'étendue de nos besoins. « Ici, dit un sa-
« vant économiste, M. Ripetti, ici se présente à
« l'esprit l'illusion bien naturelle de la communau-
« té des biens. Ce système, en effet, paraît s'accor-
« der avec un ordre de choses où le travail donne
« à chacun droit à la subsistance ; mais cette com-
« munauté est contraire à toutes nos habitudes ;
« elle exigerait un renouvellement complet de la
« famille, et, surtout, elle aurait pour effet de placer
« directement sous la puissance absolue de l'Etat,
« les choses les plus nécessaires à l'existence de
« chacun. Or, le droit de propriété qui naît du droit
« de vivre, sacré comme la vie humaine elle-même,
« ne peut dépendre d'un arbitraire quelconque,...
« Etrange manière de défendre l'homme contre les
« vols que peuvent commettre çà et là quelques
« accapareurs isolés, que de leur substituer un
« accapareur unique et général, au-dessus duquel
« il n'y aurait ni contrôle, ni juges, ni recours pos-
« sible ! »

Cette illusion de la communauté des biens dont
parle avec sagesse l'auteur que nous venons de citer
ne séduira jamais les esprits sérieux, nous croyons
l'avoir démontré. Il y a, d'ailleurs, chez un grand
nombre d'ouvriers, un bon sens naturel qui, bien
souvent, les guide mieux que ne le feraient notre
science et notre philosophie. Seulement, ils se
demanderont s'il est possible de concilier les intérêts
du propriétaire territorial ou industriel avec ceux
non moins sacrés du pauvre et du travailleur.

Oui, cela est possible, très possible à tout gouvernement qui voudra sérieusement venir en aide aux
classes malheureuses.

Résumons notre pensée sur ce point :

Un Etat n'a rien fait pour l'homme tant qu'il ne l'a pas affranchi de l'horrible servitude du corps. Que sert d'être proclamé libre, citoyen, électeur, si la misère s'assied à notre foyer et y règne en maîtresse, couvant la frénésie, la révolte, l'aliénation mentale ? La misère ! comprend-on tout ce que signifie ce mot sinistre ? C'est, à la fois, le défaut d'éducation, la privation de la famille, la terreur des nécessités matérielles, les angoisses de la faim, l'interruption de la vie morale et la corrosive jalousie jetée au fond des cœurs.

L'Etat peut faire disparaître, il peut atténuer, du moins, dans d'énormes proportions, cette triste condition du pauvre. Il est le gardien des droits de l'homme cherchant à acquérir par un travail utile une subsistance nécessaire : il l'est parce que cet homme veut vivre, et que, pour vivre, il faut qu'il possède soit de la terre, soit un capital, soit un travail justement rémunéré.

Pour accomplir ce devoir de protection spéciale, l'Etat n'a pas à s'immiscer dans la gestion de la propriété privée, car il dépasserait son droit ; mais il peut, par des règlements généraux, assurer à chacun les moyens d'apprendre une industrie utile, de l'exercer et d'en vivre.

Il peut doter un certain nombre de départements d'une école d'arts-et-métiers où seront reçus gratuitement, mais après une enquête sévère, les enfants des ouvriers vraiment pauvres et laborieux.

Il peut fonder des banques de crédit qui fourniront et prêteront aux travailleurs pauvres le capital nécessaire à un premier établissement.

Il peut créer des caisses de réserve, afin de fonder des pensions de retraite ou de secours à la vieillesse.

Il peut augmenter dans de fortes proportions les primes que, dans presque tous les comices agricoles, on donne aux vieux serviteurs qui se sont fait remarquer par leur probité et leurs soins de tout genre en agriculture.

Il peut subventionner une société ouvrière, présentant des garanties de talent et de moralité, qui veut entreprendre la production.

Il peut, enfin, emprunter aux institutions d'assistances que nous connaissons déjà, un caractère positif de permanence complètement analogue aux avantages mêmes de la propriété.

Et ce n'est pas sans en avoir longtemps médité l'importance que nous réclamons au profit des classes laborieuses cette série d'améliorations. Sous l'empire de lois sages données à un peuple que l'on cherche franchement à moraliser, les inégalités de fortune développent les sentiments les plus purs que puisse connaître le cœur de l'homme : l'amitié, la gratitude ; mais avec des lois mal conçues, surtout avec des mœurs corrompues, ces inégalités deviennent une cause féconde de souffrances et de perturbations sans fin. Tel sera toujours le résultat de ces lois insensées, qui n'ont pour but évident que le triomphe d'opinions politiques et irréligieuses contre des opinions contraires.

Pour donner une vie assurée à ces établissements divers, que les ouvriers intelligents doivent réclamer sans cesse, l'Etat possède, au moyen de l'impôt, un prélèvement étendu sur les fortunes territoriales et industrielles. Elles ne peuvent s'en plain-

dre, car on les ramène de la sorte au grand principe
qui, seul, les justifie et les défend. Mais cet impôt
dont l'énormité nous effraye, peut-on l'augmenter
encore? Non, répondrons-nous avec assurance. Et
cependant quelle y est la part du pauvre? Que
gagne-t-il, en réalité, dans cette prodigalité de travaux somptueux, dans ce luxe de traitements votés
à des milliers de privilégiés inutiles, dans cette in-
terminable série d'allocations, de sinécures, de
subventions en tous genres que le budget recèle
dans ses flancs! On nous dira sans doute que la
France est assez riche et trop fière de sa suprématie
dans le monde pour désapprouver tout ce que nous
blâmons ici; nous dirons à notre tour que, dans un
gouvernement qui aurait le moindre souci des peines de la classe ouvrière et des souffrances qu'elle
endure, on la flatterait moins, et on la servirait
mieux.

XV

Quand nous nous sommes décidé à écrire cette
étude, nous étions bien convaincus que la plus
grande partie des ouvriers appelés à nous lire serait
loin d'avoir pour nous une entière bienveillance.
Cette idée, quoique pénible, ne nous a point arrêté:
la logique et la vérité n'ont pas perdu tout empire,
si quelques-uns résistent, beaucoup pensent et rai-
sonnent. Pour ceux-ci, nous ne craignons pas de
proclamer hautement que, quelques grands que
puissent être les sacrifices de l'Etat dans l'intérêt
des classes souffrantes, il y aura toujours des pauvres au milieu de nous. C'est une loi divine, c'est
aussi une loi de la nature, et on les conçoit sans

efforts, car elles sont immuables et éternelles. Les
hommes, en effet, différent essentiellement : aux uns,
la force et le courage, l'intelligence et la volonté ;
aux autres, la faiblesse et la crainte, l'irréflexion et
l'inertie. Dans des positions également difficiles, les
premiers triomphent des obstacles, les seconds se
laissent aller lâchement au cours des événements :
de là l'aisance, de là la pauvreté, aisance qu'aug-
menteront chaque jour de sages économies, pauvreté que le vice et l'intempérance accroîtront sans
mesure. (1)

S'il est vrai que toute loi agraire est impossible,
inexécutable et ruineuse, que tout genre de collectivité communiste l'est au même degré et comporte,
de plus, un caractère de servitude avilissante, il
faut en conclure que la société, telle que nous la
voyons aujourd'hui, telle que l'ont connue et pra-
tiquée toutes les nations civilisées du monde, est
naturelle à l'homme ; que, pourtant, là où le pauvre souffre, il y a nécessité absolue, devoir rigoureux de le secourir en l'aidant à conquérir par son
travail une condition meilleure.

Cette condition meilleure, on ne l'obtiendra jamais
si le gouvernement, comme nous l'avons déjà dit,
ne la crée pas d'abord en employant plus sage-
ment les énormes impôts qu'il prélève sur la propriété et la consommation : que s'il s'en défend en
en arguant que ses budgets démontrent assez qu'il
fait un utile emploi des milliards versés dans ses
coffres, nous lui répondrons que l'emploi beaucoup

(1) Voir le beau livre de M. Stéphane Mony, Étude sur le Travail. Rien de
plus complet et de plus intéressant n'a été publié en France depuis bien des années.

plus utile serait l'apprentissage mis à la portée de
tous, la vieillesse ouvrière secourue dans sa détresse
et le vrai travailleur défendu contre l'insuffisance
des salaires. Entre les utilités énoncées aux budjets
et celles dont nous parlons, le choix ne saurait
être douteux : les premières peuvent, en grande
partie, être ajournées jusqu'à nouvel ordre dans
leur exécution, les secondes demandent une satis-
faction immédiate. Car il faut être juste, si le Communisme est absurde dans sa demande d'abolition de la propriété individuelle, s'il est insensé dans
la menace qu'il fait à la France de la lui imposer
par les armes, on doit reconnaître que plusieurs de
ses réclamations sont fondées, et cette étude témoi-
gne du soin avec lequel nous avons indiqué les
moyens d'y faire droit. Il en reste une dernière,
mais avant de l'aborder, expliquons-nous sur la
haine profonde que les chefs du parti et les orateurs
des divers congrès semblent nourrir contre le capital.

On abuse de ce mot pour enflammer les esprits
et les exciter aux plus sanglantes saturnales ; on en
abuse, mais on a bien soin d'en taire la signification
réelle. Dans les idées de la plupart des communistes égarés, le capital n'est autre chose qu'une
immense accumulation d'or et d'argent qui se trouverait entre les mains de quelques milliers de riches
qui ne le sont devenus que par le hazard de leur
naissance ou de leurs spéculations heureuses. Cette
masse d'or et d'argent, selon les croyances de la
foule, si elle était répartie entre tous, donnerait à
chacun, sinon l'opulence, au moins une véritable
aisance. C'est là une erreur profonde : le capital,

ainsi entendu, ne dépasse pas trois milliards, ainsi
que nous l'avons déjà dit. Divisé entre les trente six
millions cent deux mille neuf cent cinquante et un
Français (36, 102, 951), il donnerait à chacun 81 f.,
15 c. environ. On trompe donc grossièrement l'ouvrier quand on lui parle de l'énorme valeur de cette
sorte de capital, mirage fantastique dont on cherche à éblouir ses regards.

Que faut-il donc entendre par ce mot : *Capital.*

C'est, sous diverses formes, *la réunion active* de
la terre, du travail, de l'argent, de la force, de l'intelligence agissant, en sorte que l'on peut le définir :
« L'ensemble de tous les produits de l'humanité,
du sol, de l'intelligence et de l'industrie nationale. »

C'est encore, comme le disent deux célèbres économistes, A. Smith et J.-B. Say, « l'épargne employée
à la reproduction, ou la reproduction destinée à la
consommation ; » ce qui est vrai, car l'épargne qui
reste épargne, c'est-à-dire sans emploi, n'est pas un
capital, elle en est l'opposé, puisqu'elle enlève à la
consommation une force que le capital consacre à
la multiplication de la richesse.

Quelle que soit la préférence que l'on accorde à
l'une ou à l'autre de ces définitions, on comprend
très-bien qu'un capital composé des éléments que
nous avons indiqués puisse être anéanti en quelques années, et il le serait infailliblement par le
Communisme, mais on comprend aussi qu'il échap-
pe forcément à toute division ; il restera ce qu'il est,
ou il n'existera plus. Il restera, car J. de Croze a dit
avec raison : « Y a-t-il au monde un spectacle plus
« dramatique que le triomphe de l'homme sur la
« matière ? Ces déserts convertis en villes, ces fo-

« rêts abattues et transformées en métaux, portant
« l'homme et son activité sur toutes les plages de
« l'univers connu ; ces routes, ces canaux, ces che-
« mins de fer qui s'ouvrent partout pour abréger
« les distances, rapprocher l'homme et multiplier
« son infatigable domination ; ces excavations où
« l'homme s'ensevelit vivant pour arracher aux en-
« trailles de la terre ses richesses et les livrer à
« l'industrie ; cette industrie qui, sous les formes
« les plus variées, les fait servir à la grandeur ma-
« térielle de la civilisation ; ces familles innombra-
« bles de végétaux dont la science s'empare pour
« les combinaisons les plus salutaires à l'humanité ;
« toutes ces puissances et mille autres s'augmen-
« tent et se fortifient par la circulation des capi-
« taux. »

Ces réflexions préliminaires nous conduisent directement à l'examen de la dernière réclamation
du communisme, et elle n'est pas de celles qu'on
doit laisser sans réponse, car elle est grave et mérite la plus sérieuse attention.

Les écrivains économistes, s'appuyant sur l'expérience et sur des faits positifs, disent que l'accumulation des capitaux dans les grands centres
agricoles, manufacturiers ou industriels, engendre
nécessairement la concurrence et, par suite, entraî-
ne avec elle, pour les classes ouvrières, une baisse
de salaires. De là, ajoutent-ils, la misère, la détresse, les coalitions qui, réagissant sur les capitaux
eux-mêmes, les arrêtent dans leur circulation, et
suspendent pendant un temps plus ou moins long
leur bienfaisante influence.

Tout s'enchaîne dans ce combat funeste du salaire

et du capital. Comme les salaires s'élèvent en proportion du besoin que le capitaliste éprouve du travail de l'ouvrier, on conçoit que les grands centres dont nous venons de parler doivent marcher avec plus de sûreté, car ils ont à leur service l'intelligence, un personnel bien rétribué et un capital suffisant. Mais la condition morale et physique des travailleurs se mesure presque toujours sur la position dans laquelle ils se trouvent vis-à-vis les instruments et les capitaux qui, tous les deux ensemble, font la commande du travail : quel sera donc le sort des nombreux ouvriers éloignés de ces centres privilégiés, si promptement envahis par d'heureux compagnons ?

Tel est le problème qu'il s'agirait de résoudre. Evidemment il ne peut l'être ni par la loi agraire, dont l'exécution est complètement impossible, et qui, d'ailleurs, ruinerait à jamais la France ; il ne peut l'être, non plus, par la collectivité qui, outre les difficultés insurmontables de son établissement ravalerait le citoyen au-dessous de la brute, et ferait dépendre du bon vouloir d'un employé de bureau son existence et celle de sa famille.

C'est donc seulement dans la création des divers établissements que nous avons proposés, c'est dans le soin continuel que mettrait désormais l'Etat à charger spécialement de ses commandes toute société, toute usine, toute manufacture qui justifierait et de la bonté de ses produits et du salaire vraiment rémunérateur accordé à ses ouvriers, c'est, enfin, dans le zèle des ouvriers eux-mêmes à défendre leurs droits, qu'il faut chercher le véritable remède à la situation fâcheuse où se trouve la classe des travailleurs.

Le travailleur, c'est son droit, veut tirer parti des circonstances qui peuvent augmenter la valeur de sa peine. Son travail, son intelligence et sa force sont un capital dont il est seul maître, et nul ne saurait le blâmer d'en demander le prix qu'il juge convenable. Le capitaliste, de son côté, peut bien ne pas accepter ; mais s'il comprend ses véritables intérêts, il se plaindra moins de l'élévation des salaires, car cette élévation porte avec elle le respect de la propriété, et la tranquillité publique s'en trouve d'autant mieux assurée. Considérées à ce point de vue, les grèves seraient excusables si, le plus souvent, elles n'avaient pas le double résultat de contraindre l'ouvrier, satisfait de sa position, de faire cause commune avec des compagnons mécontents, et de ruiner ainsi, par son abandon, le patron qui devait compter sur son zèle et son assiduité. C'est ce fécond principe de la liberté pour tous qui fait qu'en Angleterre, le congrès ouvrier de Nottingham a répudié hautement les doctrines de l'Internationale, et proclamé qu'il n'y a pas de source plus certaine de rébellions et de désordres que l'idée qu'un homme peut être dépouillé de ce qu'il possède.

XVI

Nous avons vu ce que l'ouvrier peut légitimement réclamer de l'Etat, et ce que l'Etat devrait accorder à l'ouvrier, s'il avait souci de ses besoins et de sa misère ; voyons maintenant ce que l'ouvrier peut faire par lui même.

Avant tout, homme de labeur comme ceux pour

lesquels nous écrivons, il nous importe de le dire
hautement : nous protesterons toujours avec la plus
ferme énergie contre cette odieuse et lugubre asser-
tion qu'il doit y avoir une guerre à mort entre le riche
et le pauvre. Malheur à ceux qui, s'ils en compren-
nent la portée, osent propager cette criminelle ma-
xime ! Est-ce de la fraternité que celle qui nous
conseille de nous armer d'un fusil et nous désigne
la tête que nous devons frapper ? Que gagnerions-
nous donc à ce métier d'assassins, si ce ne sont des
remords sans fin et une misère plus profonde ?
Etrange observation que ce rêve de Communisme,
auquel se laissent aller tant d'esprits égarés ! Avec
le Communisme, nous verrions disparaître les arts,
le commerce, l'industrie ; nous n'aurions plus de
riches, c'est vrai, mais tous seraient plus pauvres
qu'ils ne le sont aujourd'hui, et n'auraient pour dé-
dommagement certain que la plus abject des servi-
tudes.

Savent-ils bien, ces prétendus amis de l'ouvrier,
qui ne craignent pas de l'appeler aux armes pour
revendiquer ses droits, savent-ils bien qu'en France la contribution territoriale frappe dix millions
cinq cent mille individus ; que huit millions de
cotes ne dépassent pas vingt francs ; que deux
millions quatre cent mille sont au-dessous de cent
francs, et que cent mille seulement s'élèvent au-
dessus de ce chiffre ?

Savent-ils encore que cette propriété, ainsi divi-
sée, est chargée de onze milliards d'hypothèques ?

Est-ce là une richesse telle que, pour donner à
chacun un hectare trente-six ares quatre-vingt
douze centiares de terre, il faille organiser la guerre

civile et faire égorger par une moitié des enfants de la France l'autre moitié de ses enfants ?

Voilà pourtant le vide des idées, voilà la grossièreté du mensonge avec lesquels on cherche à tromper de malheureux ouvriers ! Nous leur disons, nous, au contraire, et nous leur répéterons sans cesse que la richesse et la pauvreté sont solidaires l'une de l'autre. Le riche a besoin du pauvre, dont le travail convenablement rétribué, l'aide à produire, et dont la consommation lui permet seule de produire encore, de produire toujours ; car si le riche ne vend pas, comment continuera-t-il ses cultures, qui lui donnera l'argent nécessaire pour entreprendre un nouveau travail et solder les salaires de l'ouvrier ? D'un autre côté, le pauvre a besoin du riche, car le riche achète son travail, lui fournit sa subsistance et s'intéresse plus spécialement à son sort.

Il est vrai que dans nos grands centres manufacturiers ou industriels, la position de l'ouvrier peut souvent ne pas présenter les mêmes avantages. Quand la misère y règne, elle y sévit avec plus d'intensité. Ailleurs, la richesse n'est qu'une inégalité ; elle peut, elle doit être généreuse, et elle l'est en effet : ici, au contraire, cette richesse s'appelle *capital* : elle n'existe, elle ne se soutient que par la réunion d'innombrables épargnes, lentement amassées par des milliers d'actionnaires, qui les ont confiées à la probité et à l'intelligence d'un chef de l'industrie. Ce *capital*, il faut bien le reconnaître, est, par la force des choses et dans l'étendue de son rayonnement, maître des instruments de travail, maître du travail lui-même, et maître d'un peuple de tra-

vailleurs. Comme il se personnifie dans un livre de
caisse, il ne peut que difficilement se montrer gé-
néreux ; beaucoup de ceux qui le font vivre et ne
vivent eux-mêmes que par lui souffriraient de ses
générosités trop multipliées. Ainsi, par exemple,
viennent le chômage, la stagnation des commandes ; vienment encore la surabondance des produc-
tions, la concurrence de contrées vendant à plus
bas prix, alors non-seulement toute générosité
devient impossible, mais encore une partie du personnel sera fatalement congédiée, et des familles
nombreuses manqueront du nécessaire. C'est en
considérant les conséquences presqu'inévitables de
de cette accumulation de capitaux dans Paris, de
l'immense quantité d'ouvriers qu'elle y attirait, des
misères et des désordres qui en étaient la suite, que
Rivarol, justement effrayé, écrivait il y a plus d'un
siècle : « Si jamais les provinces ouvrent les yeux,
« si elles découvrent un jour combien leurs inté-
« rêts sont, je ne dis pas différents, mais contraires
« à ceux de Paris, comme on s'empressera d'aban-
« donner cette ville à elle-même! »

Et, pourtant, quel esprit sensé pourra nier jamais
que l'industrie ne soit faite pour anéantir le paupérisme et non pour l'engendrer?

C'est contre ces éventualités malheureusement
trop fréquentes, et non contre des capitaux sage-
ment employés, que les ouvriers intelligents doivent chercher à se prémunir. Rien, à notre avis, ne
leur serait plus profitable que la création, comme
en Angleterre, de *Sociétés amicales (Friendly socie-
ties)* qui auraient pour but la protection de l'ouvrier contre l'injustice, la résistance à l'arbitraire

d'un patron malveillant, la fixation des salaires d'une manière équitable, et les secours à donner à leurs membres en cas de maladie, de chômage ou de vieillesse. « Le magnifique développement des *sociétés amicales de l'Angleterre*, dit M. Mony, dans son beau livre : *Etude sur le Travail*, est sans contredit l'un des plus grands faits de l'histoire de l'industrie. Il montre ce que peut l'esprit chrétien chez une nation qui ne se laisse pas distraire de ses enseignements par la manie politique, par les déclamations utopiques et radicales. L'Angleterre a ce grand bonheur. (1)

On ne pourrait qu'applaudir, en France, à de telles fondations; et si, dans les statuts de ces sociétés, se trouvaient écrits et formulés quelques-uns de ces grands principes sur lesquels reposent la sûreté des Etats, le respect de la religion et de la propriété, nous n'hésitons pas à croire qu'un gouvernement éclairé tiendrait à honneur de sanctionner leur existence par des lois spéciales qui leur reconnaîtraient tous les droits que l'on peut attacher à une société d'utilité publique : le concours des classes aisées ne leur ferait pas défaut, et plus d'un homme de cœur briguerait le beau titre de *membre honoraire.*

Est-il nécessaire maintenant de discuter plus en détail les réclamations diverses des partisans du *Collectivisme?* Non, assurément : elles se résument toutes dans cette opinion émise, il y a quelques jours seulement, par le congrès ouvrier de la ville

(1) Les Sociétés amicales d'Angleterre avaient déjà en 1863 un capital accumulé de 625 millions, et, pourtant, elles distribuaient annuellement 130 millions à leurs trois millions de membres. S. Mony, Etude sur le Travail, p. 232.

de Reims. Nous copions textuellement : « Le rôle que
« joue le patron, le capitaliste dans la production
« actuelle, est absolument nul, si ce n'est qu'il
« *n'empoche* (sic) les bénéfices, et que si les groupes
« ouvriers avaient à leur disposition les agents de
« production, terres, matières premières, machi-
« nes, outils, etc., en ce moment monopolisés par
« la classe exploitante, ils sauraient parfaitement
« se passer des sangsues patronales et autres. »

N'en déplaise aux communistes de Reims, leur
profession de foi signifie simplement que s'ils
avaient ce que possèdent les autres, outils et machines, terres et matières premières, ils trouveraient
que tout est bien, et qu'ils ne demanderaient rien
à personne. Cette déclaration d'hommes se proclamant les chefs d'un parti, a dû faire sourire plus
d'un communiste quelque peu ami de la logique.
Quant à nous, qui n'écrivons que pour dissiper de
funestes illusions, et faire pénétrer dans les esprits
ce que nous croyons être la vérité, nous répondrons
avec franchise que le congrès de Reims se trompe
et trompe les ouvriers qui peuvent avoir confiance
en lui. Non, le rôle des patrons et des capitalistes
n'est pas nul, car s'ils retiraient, les uns leur intelligence, leur travail et leur expérience, les autres
leurs capitaux engagés, les usines et les manufactures cesseraient de produire, et trois millions
d'ouvriers, en France, tomberaient dans la misère.
Non, encore, patrons, capitalistes et exploitants
n'ont rien monopolisé ; ils ont tout acheté ou tout
créé, terres, matières premières, outils et machines ;
on peut être jaloux de ce qu'ils possèdent, mais ils
possèdent à un titre qui reste sacré pour tout hom-

me d'honneur ; on ajoute que si les groupes possédaient, *ils sauraient se passer des sangsues patronales.* Sur ce point, nous répondrons encore : non ! car à un groupe de travailleurs quel qu'il soit, il faudra toujours des chefs ou des comités qui dirigent, des supérieurs qui commandent et des subordonnés qui exécutent.

XVII

Nous terminons ici cette Etude, bien insuffisante sans doute, pour la gravité des questions que nous avions à traiter, mais assez complète, néanmoins, pour donner à nos lecteurs une juste idée des malheureuses aspirations de quelques-uns d'entre eux. Notre travail, nous l'espérons, ne sera pas tout à fait stérile. Aussi bien que qui que ce soit, nous connaissons l'ouvrier, ses goûts, ses besoins et son intelligence. Dans les excitations d'une vie commune, il peut s'oublier souvent ; pris isolément, ramené au calme du foyer domestique, nous avons presque toujours rencontré chez lui un sens droit et l'amour de la vérité. C'est donc avec confiance que nous lui dédions les pages que nous venons d'écrire,

MONTLUÇON, IMPRIMERIE HERBIN.

www.ingramcontent.com/pod-product-compliance
Lightning Source LLC
Chambersburg PA
CBHW072016290326
41934CB00009BA/2103